Bibliografische Information der Deutschen Nationalbibliothek
Die Deutsche Nationalbibliothek verzeichnet diese
Publikation in der Deutschen Nationalbibliografie;
detaillierte bibliografische Daten sind im Internet
über http://dnb.d-nb.de abrufbar.

ISBN-13: 978-3-837-04310-5

Peter von Krusenstern

Auf der Sonnenseite des Lebens...

Dein Weg zu Glück und Erfolg

Sagen Sie nicht: „Ich kann das nicht." Denken Sie an die Hummel. Die Hummel hat eine Flügelfläche von 0,7 Quadratzentimetern, bei 1,2 Gramm Gewicht. Nach den bekannten Gesetzen der Aerodynamik ist es unmöglich, bei diesem Verhältnis zu fliegen.

Die Hummel weiß das nicht. Sie fliegt einfach.

Vorwort

Die meisten Menschen wünschen sich Wohlstand, Geld und Reichtum. Darum habe ich auch den finanziellen Aspekt in den Vordergrund gestellt. Das Erlernte lässt sich jedoch für jede Situation einsetzen. Egal für welche…

Bis Monatsende dauert es noch fast zwei Wochen. Das Telefon ist nicht bezahlt, für den Strom liegt bereits die zweite Mahnung auf dem Tisch und die Autoversicherung ist auch schon längst fällig. Obendrein müssten unbedingt vier neue Reifen gekauft werden. In der Firma ist Kurzarbeit angesagt und Entlassungen stehen vor der Tür.

Wenn es Ihnen, liebe Leserin, lieber Leser, so oder ähnlich geht, kann ich Ihnen von ganzem Herzen dazu gratulieren, dass Sie für sich die Entscheidung getroffen haben, Ihre Situation zu ändern. Ob Sie es zu diesem Zeitpunkt glauben oder nicht, Ihr Leben wird sich positiv verändern. Sie müssen dazu nur Ihr neu erlerntes

Wissen anwenden. Es spielt keine Rolle, welche Schul- und Ausbildung Sie haben, ob Sie jung oder alt sind und es ist auch egal, ob Sie im Moment mausearm, arm oder wohlhabend sind. Selbst, wenn Sie wirklich gar kein Geld mehr besitzen und der Gerichtsvollzieher vor der Tür steht, wird Sie niemand davon abhalten können, in Zukunft ein glückliches und zufriedenes Leben zu führen... wenn Sie es wollen.

Auch wenn es Ihnen jetzt gut gehen sollte und Sie eigentlich keine Probleme haben, könnte es Ihnen vielleicht noch besser gehen. Hier lernen Sie, wie Sie das mit wirklich einfachen Mitteln erreichen.

Über dieses Thema wurde schon viel geschrieben und ich habe in der Vergangenheit auch viel darüber gelesen. Im Grunde sind die darin getroffenen Aussagen und Ratschläge auch alle richtig. Nach meiner Ansicht wurde darin jedoch zu wenig unser Unterbewusstsein angesprochen. Aber gerade das Unterbewusstsein entscheidet über Glück und Pech, über arm und reich, über positiv und negativ.

Lesen Sie dieses Büchlein bitte sehr sorgfältig und verinnerlichen Sie die darin getroffenen Aussagen. Halten Sie sich daran, was Sie hier erlernen. Lesen Sie Seite für Seite. Überspringen Sie keine Passagen, Seiten oder Kapitel und lesen Sie nicht kreuz und quer. (Rechnen haben Sie auch nicht gelernt indem Sie sich zuerst die mathematischen Formeln angeschaut haben.)

Es ist vorprogrammiert, dass sich Ihr Leben positiv verändern wird! Und niemand kann das verhindern! Sie haben es in der Hand, die Weichen zu stellen. Beginnen Sie noch heute! Beginnen Sie jetzt, sofort!

...und eines sollten Sie noch wissen:

Diese große Schrift habe ich gewählt, um Sie besser erreichen zu können.

Eine große Schrift wird besser von Ihrem Gehirn verarbeitet und dringt tiefer in Ihr Unterbewusstsein ein. Alternativ hätte ich auch eine extrem kleine Schrift verwenden können. Jede Form des „Andersseins" erfüllt seinen Zweck. Diesem Buch jedoch noch eine Lupe beizufügen, hätte die Produktionskosten unnötig in die Höhe getrieben.

Macht Geld glücklich?

Macht Geld wirklich glücklich? Eine Untersuchung, die einmal auf der Jahresversammlung der American Economics Association vorgestellt wurde, beantwortet diese Frage eindeutig mit "Ja".

In einer 10-jährigen Studie untersuchte der britische Wirtschaftswissenschaftler Andrew Oswald von der University of Warwick insgesamt 9.000 Familien. Seine Schlussfolgerung: Geld macht glücklich. Laut Ergebnissen dieser Untersuchung sind Menschen mit mehr Geld im Allgemeinen glücklicher als Menschen, die weniger Geld besitzen.

Die Macht des Geldes

Die Columbia Universität führte Ende der 70er Jahre eine recht ungewöhnliche Untersuchung durch. Mehrere Wochen postierten sich die Forscher in den Eingangshallen verschiedener Banken und untersuchten die Verhaltensmuster der Bankkunden, wenn sie ihren Geschäften nachgingen. Aufgezeichnet wurden Verhaltensmuster wie Augenreaktionen und Körpersprache. Das Ergebnis war eindeutig. Unmittelbar vor dem Betreten der Bank wirkt der Kunde noch angespannt und wachsam. Sobald er aber die Bank betreten hat verändert sich augenblicklich seine ganze Verhaltensweise. Er wird ruhig und ernst.

Das gleiche Forscherteam machte diese Untersuchungen auch an verschiedenen anderen Orten. Es interessierte sich für Eigenschaften, wie Ernsthaftigkeit, Respekt, Ehrfurcht und Aufmerksamkeit. Das Ergebnis war offensichtlich. Nirgendwo waren die Verhaltensänderungen größer als in der Bank – besonders in Anbetracht großer Geldmengen.

Was ist GELD? Nehmen Sie einen Schein aus Ihrer Brieftasche. Erfühlen Sie ihn. Lassen Sie ihn durch die Finger gleiten. Glauben Sie, dass das nur ein Stück Papier ist? Wenn Sie das denken, wird es Ihnen schwerfallen Geld zu vermehren. Warum empfinden die Menschen innerhalb einer

Bank so unerklärliche Gefühle? Warum reißen sie beim Anblick eines Geldbündels die Augen auf? Geld ist nicht nur der symbolisch aufgedruckte Wert. Der Geldschein, das Papier, stellt nur einen willkürlich festgelegten Wert dar. Das tatsächliche Wesen des Geldes reicht viel tiefer. Banknoten, Wertpapiere, Münzen – das ist nicht das wirkliche Geld. Es wird nur dadurch repräsentiert. Geld ist weit mehr. Geld ist eine Idee, eine Macht. Die Macht etwas einzutauschen.

Wenn Sie über Geld nachdenken, verhalten Sie sich wie die meisten Menschen. Sie sehen sofort ein Problemfeld vor sich. Daraus resultieren meist negative Gedanken, die sich in Ihrem Unterbewusstsein verankern. Wie kann ich mein Geld schützen? Wie kann ich es vermehren? Wie kann ich mich vor dem Verlust schützen? Das sind keine positiv förderlichen Gedanken. Das sind subjektive selbstzerstörerische Gedanken. Geld ansich ist nie ein Problem und sollte auch nie eins darstellen.

Sehen Sie in Geld nicht das Stück Papier mit einer aufgedruckten Zahl. Geld ist Macht. Geld ist Energie. Geld ist Materie. Geld ist „Etwas". Auch wenn Sie dieses „Etwas" nicht sehen, nicht anfassen können, so ist es doch existent. Daher unterliegt es auch den gleichen physikalischen Gesetzen wie alle anderen Dinge in unserer Natur und unserem Universum. Es unterliegt den Naturgesetzen.

Der englische Physiker und Mathematiker Sir Isaac Newton (1643-1727), Professor in Cambridge, königlicher Münzmeister und seit 1703 Präsident der Royal Society, veröffentlichte 1687 die von ihm entdeckten drei Bewegungsgesetze:

1. Gesetz:
Es steht fest, dass jeder Körper in seinem Zustand der Ruhe oder einer gleichförmigen, geradlinigen Bewegung verharrt, insofern er nicht von auf ihn einwirkenden Kräften gezwungen wird, jenen Zustand zu verändern. (d. h., solange ein Körper

nicht von einer nicht im Gleichgewicht befindlichen Kraft angestoßen wird, bleibt er in einem ruhigen Zustand.)

2. Gesetz:

Es steht fest, dass die Veränderung der Bewegung (= Beschleunigung) proportional ist zu der (auf einen Körper) einwirkenden treibenden Kraft und dass sie entlang einer geraden Linie sich vollzieht, auf der jene Kraft wirkt. (d. h., eine Kraft, welche sich nicht im Gleichgewicht befindet und auf einen Körper wirkt, beschleunigt den Körper in Richtung der wirkenden Kraft.)

3. Gesetz:

Es steht fest, dass es zu einer Kraft immer eine entgegen gerichtete und gleich große Gegenkraft gibt oder dass die Kräfte zweier Körper gegeneinander wechselweise immer gleich sind und in entgegen gesetzte Richtungen gelenkt werden.

Was ich hiermit sagen möchte ist eigentlich ganz einfach. Wirkt auf einen Körper eine Kraft aus der einen Richtung und zur gleichen Zeit eine andere gleich große Kraft aus der entgegengesetzten Richtung, so wird sich dieser Körper nicht von der Stelle rühren. Zwei gleich große entgegengesetzt wirkende Kräfte heben sich in ihrer Wirkung gegenseitig auf. Ist jedoch eine Kraft überlegen, so wird sich der Körper mit der Richtung der größeren Kraft bewegen. Das ist logisch und für jeden verständlich.

Am nachfolgenden Beispiel wird das Kräfteverhältnis verdeutlicht. Halten Sie die Schnur fest, bleiben die auf den Drachen entgegengesetzt wirkenden Kräfte im gleichen Verhältnis. Der Drachen bleibt an der gleichen Stelle. Die Kraft des Windes, die auf den Drachen einwirkt, ist ebenso groß wie die Kraft, die durch das Festhalten der Schnur in entgegengesetzter Richtung ausgeübt wird. Verringern Sie Ihre Kraft und geben Schnur nach, so überwiegt die Kraft des Windes; der Drachen entfernt sich. Ziehen Sie die Schnur ein, so überwiegt diese Kraft; der Drachen nähert sich Ihnen.

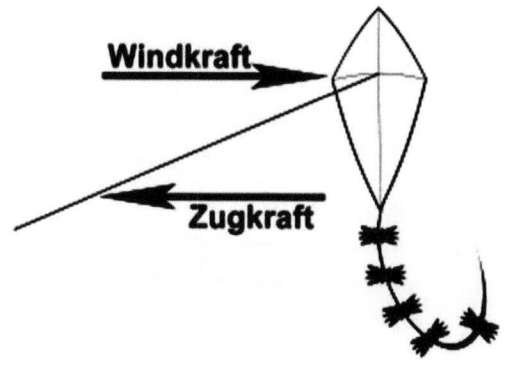

Zugegeben, das ist ein recht banales Beispiel. Aber auf ein „Jedes" und „Alles" wirken zwei entgegengesetzte Kräfte. Sind diese Kräfte gleich groß, so bleibt es an der Stelle. Ist eine Kraft größer, so bewegt es sich. Dieser Gesetzmäßigkeit unterliegt auch Geld, denn Geld ist „Etwas". Es unterliegt den gleichen Gesetzen und Kräften wie alles im Universum.

Die nachfolgenden Zeichnungen auf den nächsten Seiten zeigen die relativen Kräfte zwischen Ihnen und Geld.

Hier sehen wir zwei gleich wirkende konkurrierende Kräfte. Das Geld wird sich weder auf Sie zu noch weg bewegen. Es bleibt alles so wie es ist. Ihre Situation verbessert sich nicht, sie verschlechtert sich aber auch nicht. Die anziehende Kraft wirkt mit der gleichen Größe wie die abstoßende Kraft. Die Wirkung der Kräfte hebt sich gegenseitig auf.

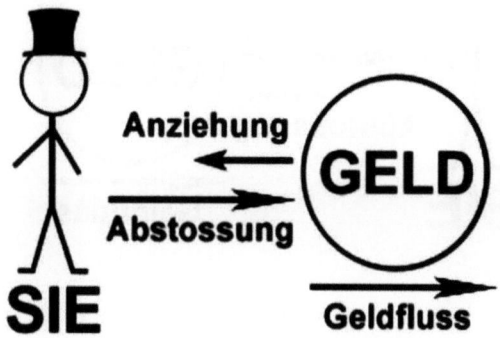

In diesem Beispiel unterliegt die anziehende Kraft der abstoßenden Kraft. Der Geldfluss entfernt sich von Ihnen.

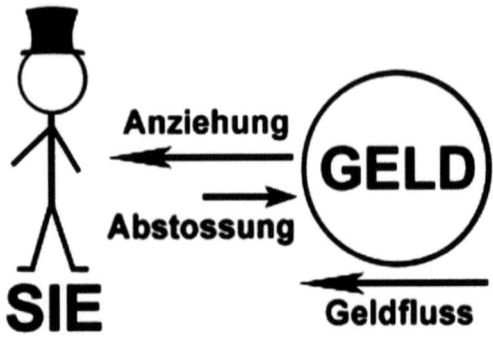

Ist die anziehende Kraft jedoch größer als die abstoßende Kraft, so werden Sie Geld anziehen. Der Geldfluss kommt auf Sie zu.

Diese Kräfte, von denen ich hier spreche, sind keine Kräfte die im rein physikalischen Sinne zu verstehen sind. Aber es sind Kräfte, und sie haben ihre Wirkung.

Beeinflussen Sie den Geldfluss zu Ihren Gunsten. Sorgen Sie dafür, dass der Geldfluss auf Sie zukommt.

Hatten Sie bisher eher Schwierigkeiten mit Geld, war es nicht ausreichend vorhanden, so war die abstoßende Kraft größer als die anziehende Kraft. Dieses Kräfteverhältnis brauchen Sie nur umzukehren.

Vergrößern Sie die anziehende Kraft und verringern Sie die abstoßende Kraft.

Ihr Geist hat dazu die Möglichkeit. Der Gedanke, die Vorstellungskraft, sind in der Lage eine Idee zur Realität werden zu lassen. Von der Erfindung des Rades bis hin zur Raumstation ISS haben alle Dinge ihren Ursprung im Geist, im Gedanken, in einer Idee. Hat sich dieser Gedanke in unserer Vorstellung erst einmal festgesetzt, finden sich auch die Mittel (Finanzierung, Technik etc.) um diesen Gedanken in die Realität umzusetzen.
Gedanken sind Energie, elektrische Energie. Diese Energie ist messbar. Gedanken wirken ebenso auf unser Tun und Handeln, wie sie auf unser Unterbewusstsein wirken.

Setzt sich eine Idee in Ihrem Geist fest, ob gut oder böse, Sie werden bei entsprechendem Interesse unvermeidlich davon angezogen.

Unser Geist setzt sich aus zwei getrennten Komponenten zusammen: dem bewussten Denken und dem unbewussten Denken. Das bewusste Denken beherrscht uns in der Regel während der Wachphase. Es wird geleitet durch unsere fünf Sinne. Es steuert unser rationelles Denken. Was kaufe ich im Supermarkt, was bestelle ich im Restaurant, welches Buch lese ich, wen will ich besuchen etc. Mit dem rationellen Denken können wir abwägen, Meinungen formulieren, logische Überlegungen anstellen und so weiter.

Das unterbewusste Denken nehmen wir gar nicht wahr. Aber es ist ständig aktiv. 24 Stunden am Tag, ein ganzes Leben lang. Es arbeitet, wenn wir wach sind und es arbeitet, wenn wir schlafen. Es ist immer tätig. Es ist nicht nur zuständig für die Erhaltung der Lebenskräfte, Atmung, Blutzirkulation, Zellstoffwechsel, es sammelt auch alle Informationen. Alles was wir erleben, sehen, riechen, schmecken wird gesammelt, gespeichert und verarbeitet. Zum logischen Denken ist das Unterbewusstsein nicht fähig.

Psychologen haben herausgefunden, dass Ideen und Gedanken, die in das Unterbewusstsein eindringen, sogar in den Hirnzellen Spuren hinterlassen. Das Unterbewusstsein nimmt jede Idee, jeden Gedanken, also jede Information ohne Fragen zu stellen auf. Positive und negative. Das Unterbewusstsein ist nicht in der Lage zwischen Gut und Böse zu unterscheiden. Dieses bleibt dem bewussten Denken vorbehalten. Hat das Unterbewusstsein einen Gedanken aufgenommen, beginnt der Prozess der Materialisierung - der Umsetzung der Idee, der Information. Es liefert die Energie, um Wünsche Realität werden zu lassen. Wir müssen nur die entsprechenden Wünsche säen. So wie aus einem Kirschkern kein Pflaumenbaum wachsen wird, so wird aus dem wirklichen Wunsch nach Geld keine Armut entstehen. Das Unterbewusstsein kann nicht anders, als die ihm eingegebenen Informationen in die Realität umzusetzen. Das ist sein Wesen.

Es wäre töricht zu glauben, nur weil Ihnen gerade eben mal der Sinn nach einem Geldbündel gekommen ist, würde Ihr Unterbewusstsein dafür sorgen, dass Morgen nach dem Aufwachen ein Packen Geld neben Ihrem Bett liegt. Ganz so einfach ist es nicht.

Aber wenn Sie sich wirklich einen Bündel Euro-Noten wünschen und mit Ihrem Wunsch Ihr Unterbewusstsein erreichen, werden Sie diesen auch bekommen. Ihr Unterbewusstsein wird die dafür entsprechenden Voraussetzungen schaffen. Es bedient sich dabei der Energie des Universums, sowie der Energie, die in Ihnen steckt. Es lässt in Ihnen Gedanken keimen, es veranlasst Sie zu Handlungen, es führt Situationen herbei. Es schafft die Realität. Eine Idee, ein Gedanke wird Ihre Zukunft Formen sobald sie das Unterbewusstsein erreicht haben.

Wenn Sie unbewusst Selbstzweifel haben, werden Sie auch nicht erfolgreich sein. Wenn Sie sich unbewusst für dumm halten, werden Sie von Misserfolg begleitet werden. Wenn Sie sich unbewusst für schwach und kränklich halten, nähren Sie den Boden für spätere Krankheiten.
Fühlen Sie sich unterbewusst selbstsicher, werden Sie erfolgreich sein. Halten Sie sich unterbewusst für intelligent, werden Sie alle Aufgaben meistern. Haben Sie den Samen für Gesundheit gesät, werden Sie ein langes gesundes Leben führen.
Negative Vorstellungen wirken sich negativ auf Ihr Leben aus. Negative Vorstellungen bringen Misserfolg und Armut. Wenn Ihnen Ihre Umwelt negative Einflüsse suggeriert, dann arbeitet eine gewaltige Macht gegen Sie, denn Ihr Unterbewusstsein nimmt diese Einflüsse in sich auf.
Egal welche günstigen Gelegenheiten sich Ihnen bieten, Ihr Unterbewusstsein sorgt dafür, dass diese günstigen

Gelegenheiten fehlschlagen. Wenn Sie jedoch Ihrem Unterbewusstsein Bilder von Erfolg und Wohlstand einpflanzen, werden Sie auch Erfolg und Wohlstand ernten. Ihr Unterbewusstsein lässt diese Vorstellungen Realität werden.

Die Kraft des Bösen – die Kraft des Guten

Die Angestellten einer Abteilung wollen sich einen Spaß mit einer Kollegin erlauben. Karoline - so wollen wir sie nennen - betritt morgens gut gelaunt das Büro. „Guten Morgen Karoline, Du siehst heute aber blass aus" wird sie begrüßt. „Danke, mir geht es aber ganz ausgezeichnet" erwidert sie. Kurze Zeit später wird sie vom nächsten Kollegen angesprochen: „Geht es Dir nicht gut, Du siehst schlecht aus." Doch doch, mir geht es gut". Karoline betrachtet sich im Spiegel und macht sich Gedanken, wieso sie schlecht aussehen soll. Eigentlich sieht sie aus wie immer, sie kann nichts Besonderes an sich feststellen. Auch Ringe

unter den Augen kann sie keine ent-
decken... oder vielleicht doch? Zwei-
felnd geht sie an ihren Arbeitsplatz
zurück. Vom dritten Kollegen wird
Karoline gefragt, ob sie krank sei.
„Eigentlich nicht" antwortet sie. Als
jedoch der vierte Kollege zu ihr sagte,
„in dem Zustand gehöre man eigent-
lich ins Bett" fühlte sich Karoline an-
geschlagen und erschöpft. Dieser Zu-
stand hielt noch den ganzen Tag an.

Diese Geschichte ist nicht etwa frei
erfunden, sondern hat sich tatsächlich
so zugetragen. Hier erkennen wir, wie
beeinflussbar der Mensch ist. Dieser
Einfluss kommt von außen und setzt
sich in unseren Gedanken fest.

**Für negative Gedanken ist unser
Gehirn leider sehr empfänglich.**

Hat unser Kind in der Mathematikar-
beit eine schlechte Note geschrieben,
brauchen wir ihm nur oft genug sagen, dass Mathe immer schwerer
werden wird und es zu dumm dafür
ist. Die nächsten Tests werden trotz
aller Übungen nicht viel besser ausfal-

len. Das Kind glaubt nun zu wissen, dass es für Mathematik nicht klug genug sei und kann demgemäß auch keine besseren Erfolge erzielen.

Um zu versagen benötigen wir nicht unbedingt negative Einflüsse von außen. Oft genügen schon einige kleine Missgeschicke oder Misserfolge, die mit geballter Kraft in unser Gehirn eindringen und oft ein ganzes Leben lang in unserem Unterbewusstsein gespeichert bleiben.

Haben wir in jungen Jahren oft genug den Satz „Aus Dir wird nie etwas Gescheites werden" gehört, so ist bei vielen die Erfolgsleiter vorprogrammiert. Sie wird schon nach wenigen Sprossen zu Ende sein. Unser Unterbewusstsein hat gelernt, dass wir nicht für Außerordentliches geschaffen sind. Wir werden zwangsläufig einfache und weniger anspruchsvolle Aufgaben erledigen und unser Leben darauf abstimmen.

Wie schon zuvor gesagt: Unser Gehirn ist für negative Ereignisse und

Einflüsse sehr empfänglich. Dies darf jedoch nicht mit unserem Erinnerungsvermögen verwechselt werden. Das Erinnerungsvermögen ist zum Glück so ausgelegt, dass wir das Negative schon nach kurzer Zeit vergessen haben, das Positive jedoch für viele Jahre in Erinnerung behalten. Anders dagegen arbeitet unser Unterbewusstsein. Hier werden alle negativen Ereignisse gespeichert. Wir können uns nicht mehr daran erinnern, aber sie sind fest in uns verankert. Bei Bekannten, die wir lange Zeit nicht mehr gesehen haben, können wir oftmals Veränderungen feststellen. Sie sind vielleicht ernster geworden, haben ihren natürlichen Frohsinn verloren, haben nichts für Späße übrig (höchstens für sarkastische oder Späße auf Kosten Anderer) und sind verbittert. In ihrem Unterbewusstsein hat sich viel Negatives verankert und bestimmt nun ihr Leben. Das Unterbewusstsein bestimmt auch unser Leben, unser Tun, sogar unseren Verstand.

> **Unser Verstand wird maßgeblich von unserem Unterbewusstsein beeinflusst und bestimmt unser Handeln und unsere Gedanken.**

Unser Unterbewusstsein ist eine geballte Kraft, eine geballte Energie. Was unser Unterbewusstsein weiß, sind sowohl reale als auch suggestive Erfahrungen, die wir gemacht haben. Nur kann das Unterbewusstsein zwischen realer, suggestiver und suggerierter Erfahrung nicht unterscheiden. Unser Unterbewusstsein hält alles für Realität.

Wenn uns in jungen Jahren erzählt wurde, Austern seien ekelig, glibberig und schmecken nicht, dann werden wir sie mit großer Wahrscheinlichkeit auch später nicht mit sonderlichem Appetit essen können. Unser Unterbewusstsein hat gelernt, dass Austern für unser Geschmacksempfinden negativ sind. Unser Unterbewusstsein hat eine suggerierte Erfahrung Realität werden lassen.

> **Was dem Unterbewusstsein mitgeteilt wird, glaubt es. Was das Unterbewusstsein glaubt, lässt es Realität werden.**

Wir müssen unserem Unterbewusstsein nur entsprechend viele negative Informationen zukommen lassen, und unser Leben wird sich negativ entwickeln. Dies ist ein Naturgesetz, daran kann man nicht rütteln. Es besteht jedoch die Möglichkeit, dieses Naturgesetz zu umgehen, außer Kraft zu setzen. Wenn ich einen Gegenstand in die Luft werfe, so wird niemand daran zweifeln, dass er auch wieder herunterfällt. Bringe ich jedoch genügend Energie auf und der Gegenstand verlässt die Anziehungskraft der Erde, so kann wohl davon ausgegangen werden, dass er nicht zurückkommt. Mit entsprechender Energie kann ich also in diesem Beispiel das Naturgesetz der Erdanziehung überlisten. Mit entsprechender Energie lässt sich auch unser Unterbewusstsein beeinflussen, überlisten.

Es wirken immer zwei Energien gegeneinander. Eine abstoßende Energie und eine anziehende Energie. Die größere Energie wird immer überlegen sein. Unser Unterbewusstsein ist der Motor der geistigen Energie. Diese Energie -wenn sie groß genug ist- lässt Wünsche zur Realität werden. Den Beweis für diese Behauptung haben Sie, liebe Leserin, lieber Leser, selbst erbracht. Sicherlich werden Sie diese Aussage für unsinnig oder anmaßend halten. Aber es ist so wie ich sage! Wenn Sie Ihre Ziele nicht erreicht haben, dann wollten Sie diese auch nicht erreichen, nicht wirklich. Es lag einzig und allein an Ihnen, was Sie aus Ihrem bisherigen Leben gemacht haben. Und es liegt auch einzig und allein an Ihnen, wie Sie Ihr zukünftiges Leben gestalten. Sie entscheiden ganz alleine, ob Sie weiterhin in Unzufriedenheit und Unsicherheit oder lieber in Wohlstand und Zufriedenheit leben.

Erfolgreich - nicht erfolgreich ist gleich Kraft und Gegenkraft

Haben Sie sich einmal erfolgreiche Menschen angeschaut? Warum sind diese Menschen erfolgreich und Sie nicht? Was haben erfolgreiche Menschen, was Sie nicht haben? Sie glauben die Erfolgreichen hatten eine bessere Ausgangssituation als Sie? Das mag zum Teil zutreffen. Aber dies ist nicht der wirkliche Grund. Es gibt genügend Beispiele millionenschwerer Erben, die im Laufe der Zeit ihr Vermögen verloren haben. Teils aus Leichtsinnigkeit, teils aus Unwissenheit, teils aber auch wegen großer Fahrlässigkeit. Aber niemals haben sie ihr Vermögen vorsätzlich verloren. Alle könnten ihr Vermögen noch besitzen, sogar vermehrt haben.

Es ist nicht möglich, unzufrieden und arm zu sein, wenn man es nicht möchte.

Sogar in schweren Kriegszeiten gab es Menschen, denen es gut ging. Und für all dies gibt es einen Grund: Sie wollten, dass es ihnen gut geht. Sie haben ihr Unterbewusstsein positiv beeinflusst.

Bei den Erfolgreichen geschieht dies automatisch, also von alleine. Das Unterbewusstsein profitiert von den positiven Erfolgen und wird so mit Positivem gefüttert. Die positive Kraft ist stärker als die negative Kraft, was wiederum zur Folge hat, dass sich weitere positive Erfolge einstellen. Die Vermögenden, die ihr Vermögen verloren haben, waren in gewisser Weise schon darauf vorbereitet. Nur der Zeitpunkt kam für viele überraschend. Das Unterbewusstsein hat sich darauf eingestellt, dass sein „Herr" eines Tages arm sein wird. Entsprechend hat es sich darauf eingestellt und demgemäß die Armut Realität werden lassen.

Ich wiederhole an dieser Stelle nochmals:

Was dem Unterbewusstsein mitgeteilt wird, glaubt es. Was das Unterbewusstsein glaubt, lässt es Realität werden.

Prägen Sie sich diesen Satz bitte ein. Sie sollten ihn nie vergessen. Das Unterbewusstsein verfügt über unvorstellbare Kräfte. Die positive Kraft nennen wir die <u>anziehende Kraft</u>, die negative Kraft nennen wir die <u>abstoßende Kraft</u> (weil diese Kraft alles Positive abstößt, weil wir diese Kraft nicht haben möchten – abstoßen wollen).

An einer einfachen Zeichnung möchte ich Ihnen das verdeutlichen.

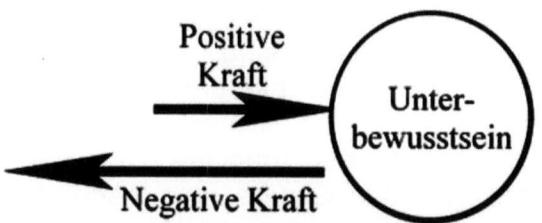

Die obere Zeichnung könnte in etwa Ihre jetzige Situation darstellen. Sie erleben viel Negatives und wenig Positives. Das ist der IST-Zustand. Angestrebt wird jedoch ein SOLL-Zustand.

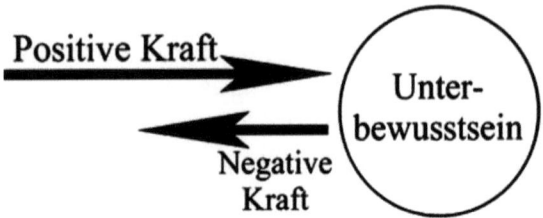

Dieser Zustand bedeutet Wohlstand und Zufriedenheit. Sie erreichen ihn, wenn Sie es wirklich wollen. Was ich Ihnen hier erzähle, das ist keine Religion, sondern Realität.

Ich möchte an dieser Stelle jedoch nicht verschweigen, dass religiöse Menschen mit einem starken Glauben auch in der Lage sind, ihre Ziele zu erreichen. Stark gläubige Menschen beeinflussen ihr Unterbewusstsein, nur ist die Zielsetzung meist eine andere, da der Glaube sich nach der Kirche orientiert. Haben wir nicht alle schon Gebete gehört, wie „Lieber Gott, gib mir die Kraft..." und die Hilfesuchenden haben diese Kraft auch erhalten. Der Glaube an Gott hat ihr Unterbewusstsein positiv beeinflusst.

Wir alle kennen das Sprichwort: „Starker Glaube versetzt Berge." Aber kaum jemand ist sich der Bedeutung dieses Sprichwortes bewusst. Wir verwenden es oberflächlich und abwertend, anstatt danach zu leben. Bei dieser Gelegenheit fällt mir noch ein weiteres Sprichwort ein, welches da lautet: „Jeder ist seines eigenen Glückes Schmied." Dies deckt sich mit meiner zuvor getroffenen Aussage: Wir haben es selbst in der Hand, wie wir unser Leben gestalten. Ist unser Unterbewusstsein von negativen Kräften geprägt, werden wir auch viel Negatives erfahren. Überwiegen jedoch die positiven Kräfte, werden wir viel Positives erfahren.

Wie erreiche ich, dass mein Unterbewusstsein von positiven Kräften regiert wird, wo es mir doch so schlecht geht, mein Leben mit Sorgen und Problemen behaftet ist und ich so gar keine positiven Erfahrungen mache?

Wenn Sie Ihr Leben wirklich positiv verändern möchten, dann halten Sie sich an die Anregungen aus diesem Buch. Sie müssen aber ganz sicher sein, und daran darf nicht der geringste Zweifel bestehen, dass Sie Ihr

Leben wirklich aus ganz tiefer Überzeugung positiv verändern möchten.
Wenn auch nur die geringste Unsicherheit besteht, dann legen Sie dieses Buch jetzt einfach beiseite. Das
ist nicht schlimm. Sie können es zu
einem späteren Zeitpunkt immer noch
durcharbeiten.

Nun, da Sie das Buch nicht weggelegt haben, steht Ihr Entschluss zum positiven Leben offensichtlich fest und Sie möchten von mir das Geheimrezept erfahren. Ich muss Sie enttäuschen, aber es gibt kein Geheimrezept. Es gibt auch keine Pillen oder Tropfen, die Sie dafür einnehmen könnten. Aber ich zeige Ihnen den Weg, wie Sie Ihre Ziele erreichen können.

Doch zunächst fertigen Sie bitte eine Liste an, mit all den Punkten, die Sie geändert haben möchten. Schreiben Sie alles auf, was Ihnen hierzu einfällt. Zum Beispiel: Rechnung XY bezahlen, ein neues Auto kaufen etc. etc.

<u>Die 30-Punkte-Liste</u>

1: _____

2: _____

3: _____

4: _____

5: _____

6: _____

7: _____

8: _____

9: _____

10: _____

11: _____

12: _____

13: _____

14: _____

15: _____

16: _____

17: _____

18: _____

19: _____

20: _____

21: _____

22: _____

23: _____

24: _____

25: _____

26: _____

27: _____

28: _____

29: _____

30: _____

Ich vermute, Sie haben es nicht geschafft, bei allen 30 Punkten etwas einzutragen. Dann scheint es Ihnen ja gar nicht so schlecht zu gehen wie Sie glauben. Jetzt nehmen Sie sich die Liste nochmals vor und überlegen, was in Ihrem Leben noch geändert werden soll. Sie müssen sich im Klaren darüber sein, was Sie vom SOLL-Zustand erwarten. Also, auf! Nicht später, sondern jetzt, sofort!

Na, ist Ihnen noch etwas eingefallen? Sehr gut.

Nun unterteilen Sie die oben aufgeführten Punkte in zwei Listen. Liste A und Liste B. In Liste A tragen Sie alles ein, was in der 30-Punkte-Liste mit offenen Forderungen zu tun hat. In Liste B tragen Sie die restlichen Punkte / Wünsche ein.

Liste A

1: _____

2: _____

3: _____

4: _____

5: _____

6: _____

7: _____

8: _____

9: _____

10: _____

11: _____

12: _____

13: _____

14: _____

15: _____

16: _____

17: _____

18: _____

19: _____

20: _____

Liste B

1: _____

2: _____

3: _____

4: _____

5: _____

6: _____

7: _____

8: _____

9: _____

10: _____

11: _____

12: _____

13: _____

14: _____

15: _____

16: _____

17: _____

18: _____

19: _____

20: _____

Was dem Unterbewusstsein mitgeteilt wird, glaubt es. Was das Unterbewusstsein glaubt, lässt es Realität werden.

Aus den Listen A und B suchen Sie nun jeweils 3 bis 5 Punkte heraus, die Ihnen besonders am Herz liegen und tragen diese in nachfolgende Listen ein.

Meine wichtigsten Punkte aus Liste A

1: _____

2: _____

3: _____

4: _____

5: _____

Meine wichtigsten Punkte aus Liste B

1: _____

2: _____

3: _____

4: _____

5: _____

Nachdem Sie nun lokalisiert haben, welche Punkte Priorität haben und unbedingt geändert werden sollen, sollten Sie jetzt auch sofort damit beginnen.

Investieren Sie dafür täglich 30 bis 40 Minuten Ihrer Zeit. Mehr Zeit ist gar nicht erforderlich, viel weniger sollte es auch nicht sein. Und dieses bisschen Zeit können Sie sich noch frei einteilen. Wenn Sie mehr Zeit aufbringen können, ist das förderlich. Doch auch bei 30 Minuten täglich wird sich Ihr Leben verändern. POSITIV!

Beeinflussen Sie Ihr Unterbewusstsein täglich. Lassen Sie nach Möglichkeit keinen Tag aus. Und wenn Sie an einem Tag mal wirklich keine Zeit haben sollten, brauchen Sie nicht gleich zu verzweifeln. Versuchen Sie jedoch Ihren Zeitplan möglichst gewissenhaft einzuhalten. Es ist überaus wichtig, Ihr Unterbewusstsein ständig positiv zu beeinflussen. Denken Sie daran, was Sie bereits gelernt haben: „Was dem Unterbewusstsein mitgeteilt wird, glaubt es. Was das Unterbewusstsein glaubt, lässt es Realität werden."

„Wie aber soll ich mein Unterbewusstsein beeinflussen?" werden Sie jetzt fragen. Das ist einfacher als Sie glauben. Sie werden es jetzt erfahren und können sofort damit beginnen.

Sie haben in der A- und B-Liste verschiedene Punkte aufgeführt, die Ihnen besonders wichtig erscheinen. Schreiben Sie diese Punkte in deutlich lesbarer Schrift in positiv veränderter Form in Zeilen untereinander.

(Am nachfolgenden Beispiel möchte ich Ihnen zeigen, wie so eine positiv veränderte Form aussieht):

In Liste A steht vielleicht:
1. *Stromrechnung € 185,-- bezahlen.*
2. *Nachzahlung Umlagen € 325,--*
3. *Etc. etc.*

Schreiben Sie nun:

Ich, Hannes, habe die Stromrechnung in Höhe von € 185,-- bezahlt.

Ich, Hannes, habe die Nachzahlung der Umlagen in Höhe von € 325,-- überwiesen.

Vermeiden Sie negative Formulierungen wie „noch nicht" „nein" „kein" usw. Schreiben Sie Ihre Formulierungen so, als wäre es schon geschehen. Schreiben Sie auch Ihren Namen dazu. Dadurch prägt sich dem Unterbewusstsein die Aussage, dass Sie diese Rechnung bereits beglichen haben, besser ein.

In der B-Spalte könnte z.B. stehen:

1. Ich möchte ein neues Auto
2. Ich möchte ein Haus
3. Ich möchte einen Haufen Geld
4. Etc. etc.

Bringen Sie auch diese Wünsche in positiv geänderter Form zu Papier. *Schreiben Sie:*

Ich, Hannes, besitze einen nagelneuen schwarzen DB S 320 CDI mit GPS und Lederausstattung.

Ich, Hannes, habe ein eigenes Haus mit Garten, offenem Kamin und 140m² Wohnfläche.

Ich, Hannes, habe ein jährliches Einkommen in Höhe von 200.000,--Euro.

Beschreiben Sie Ihre Wünsche so exakt wie möglich. Stellen Sie sich Ihre Wünsche bildlich vor oder lassen Sie vor Ihrem geistigen Auge einen Film ablaufen. Sehen Sie sich, wie Sie in Ihren neuen Wagen einsteigen, gemütlich auf den Ledersitzen Platz nehmen, die Hände auf das Lenkrad legen, den Zündschlüssel drehen und eine Fahrt ins Blaue machen.

Sehen Sie sich, wie Sie die Schalterhalle Ihrer Bank betreten. Sehen Sie die Geldscheine, die Sie aus Ihrer Brieftasche nehmen. Sehen Sie sich, wie Sie die Rechnung bezahlen und sehen Sie den Kassierer, wenn er den Stempel auf die Quittung drückt.

Ihre 5 bis 6 größten oder wichtigsten Wünsche schreiben Sie nun in positiver Form auf. Schreiben Sie etwas kleiner als gewohnt und schreiben Sie sehr deutlich. Dadurch schreiben Sie konzentrierter und erreichen Ihr Unterbewusstsein besser.

Fertigen Sie nun eine 6-Punkte-Liste an, in der Sie Ihre größten Wünsche der Reihe nach in positiver Form eintragen.

1: _____

2: _____

3: _____

4: _____

5: _____

6: _____

Dies wiederholen Sie so oft Sie möchten. Übertreiben Sie es aber nicht. Einen Krampf in der Hand kann niemand gebrauchen. Schreiben Sie Ihre Liste mehrmals täglich, wann immer Sie ein paar Minuten Zeit finden.

Sie werden vielleicht denken: „Vom Zettelschreiben bekomme ich nie im Leben ein neues Auto." Und ich sage

Ihnen: Doch! Diese Methode wurde schon mehrfach mit außerordentlichem Erfolg angewandt.

Am Anfang fällt es Ihnen eventuell schwer, sich vorzustellen ein neues Auto zu besitzen. Ein neues Auto... „Das ist doch gar nicht möglich in meiner Situation." Seien Sie nicht so negativ eingestellt. Schon nach wenigen Tagen können Sie sich mit dem Gedanken anfreunden ein neues Auto zu besitzen. Dieser Gedanke nimmt konkrete Formen an. Gehen Sie ins Autohaus und schauen sich den Wagen an, den Sie begehren. Machen Sie sich mit dem Gedanken vertraut, dass Sie bald einen solchen Wagen besitzen. Und machen Sie sich über das Geld keine Gedanken. Keine Sorge, das kommt schon. Wenden Sie einfach regelmäßig die Methode an.

Am nachfolgenden „Dialog" möchte ich Ihnen zeigen, wie ein Kampf zwischen Wunsch und Vernunft stattfindet.

Positive Bestärkung
Vernunftmäßige Antwort

Ich, Hannes, besitze einen nagelneuen schwarzen DB S 320 CDI mit GPS und Lederausstattung.
So ein Blödsinn

Ich, Hannes, besitze einen nagelneuen schwarzen DB S 320 CDI mit GPS und Lederausstattung.
Das Geld dafür habe ich nie im Leben

Ich, Hannes, besitze einen nagelneuen schwarzen DB S 320 CDI mit GPS und Lederausstattung.
Das ist lächerlich

Ich, Hannes, besitze einen nagelneuen schwarzen DB S 320 CDI mit GPS und Lederausstattung.
Da draußen die alte Scherbel, die gehört dir

Ich, Hannes, besitze einen nagel-neuen schwarzen DB S 320 CDI mit GPS und Lederausstattung.
Wäre schön, aber unsinnig der Gedanke

Ich, Hannes, besitze einen nagel-neuen schwarzen DB S 320 CDI mit GPS und Lederausstattung.
Nagelneu, schwarz, mit Leder und Navigation. So ein Schmarren

Ich, Hannes, besitze einen nagel-neuen schwarzen DB S 320 CDI mit GPS und Lederausstattung.
Trotzdem, es wäre toll

Ich, Hannes, besitze einen nagel-neuen schwarzen DB S 320 CDI mit GPS und Lederausstattung.
So ein Wagen, der ist ein Traum – aber...

Ich, Hannes, besitze einen nagel-neuen schwarzen DB S 320 CDI mit GPS und Lederausstattung.
Nichts aber. Ich möchte ihn haben!

Ich, Hannes, besitze einen nagel-neuen schwarzen DB S 320 CDI mit GPS und Lederausstattung.

Das ist mein nächstes Auto !!!

Ich gebe zu, diese Methode ist eine Art Selbsthypnose. Aber sie wirkt. Sie wirkt deshalb, weil Sie damit Ihr Unterbewusstsein erreichen.

Vielen Menschen hilft der Glaube an Gott. Ich meine nicht die Menschen, die jeden Sonntag in die Kirche gehen, weil die Nachbarn es auch so machen. Gemeint sind diejenigen, die wirklich aus tiefer Überzeugung glauben. Dieser Glaube verleiht ihnen die Kraft, um mit schweren Situationen fertig zu werden.

Es stellt sich jedoch die Frage, wer oder was ist Gott? Ich beantworte für mich diese Frage folgendermaßen: Gott ist keine Person, Gott ist aber das große Unbekannte. Das große Unbekannte beschützt und verleiht Kraft. Weil wir daran glauben. Unser Unterbewusstsein hat das als Fakt aufgenommen.

In den 70er Jahren ist ein Freund von mir zu den Krishnaanhängern gekommen, die damals zahlreich in Deutschland vertreten waren und etliche „Tempel" unterhielten. Mein Freund war sehr angetan von den gemalten Bildern aus der indischen Religion. Obwohl selbst seine Strichmännchen eher wie missglückte Ausrutscher aussahen, hatte er doch den Wunsch, auch solche Gemälde malen zu können. Von den Krishnas lernte er das Chanten, das Beten mit einer Perlenkette, ähnlich dem Rosenkranz. Diese Perlenkette bestand aus 108 Perlen. Man lässt nun diese Kette Perle für Perle durch seine Hand gleiten und spricht in Gedanken bei jeder Perle seinen Wunsch. Das wird bis zu 20 mal pro Tag wiederholt. Nun möchte ich Sie nicht überreden, den ganzen Tag mit einem Perlenkettchen durch die Gegend zu laufen, aber das Prinzip ist klar. Es wird kontinuierlich Einfluss auf das Unterbewusstsein genommen. Mein Bekannter ist jedenfalls ein ausgezeichneter Maler geworden. Auch er hat nichts anderes getan, als sein Unterbewusstsein auf seine Weise positiv zu beeinflussen.

Was immer Sie auch möchten, mit dieser Methode werden Sie Erfolg haben, wenn Sie diese kontinuierlich anwenden.

Wenn Sie abends zu Bett gehen, lesen Sie sich Ihre Formulierungen mehrmals laut vor. Sollte es Ihnen peinlich sein, Ihre Wünsche laut zu formulieren, weil vielleicht andere mithören, so suchen Sie sich einen stillen Raum und lesen nur so laut wie es möglich ist. Wenn das Licht gelöscht ist und Sie Ihre Augen geschlossen haben, sagen Sie sich Ihre Formulierungen im Geiste nochmals vor.

Genau so verfahren Sie morgens beim Aufstehen. Gerade, wenn Sie noch im Halbschlaf sind, erreichen Sie Ihr Unterbewusstsein am besten. Sagen Sie sich Ihre positiven Formulierungen laut vor. Wenn Sie niemanden stören möchten, so müssen Sie Ihre Wünsche eben im Klartext denken.

Nach dem Aufstehen nochmals laut lesen.

Als positive Ergänzung können Sie auch Listen mit Ihren Wünschen anfertigen und diese neben dem Badezimmerspiegel und aufs WC hängen. Dies sollten Sie aber nur machen, wenn Sie alleine im Haushalt leben. Andere könnten dies für lächerlich halten, was auf Sie wiederum einen negativen Einfluss ausübt. Generell sollten Sie mit niemandem darüber sprechen, dass Sie diese Methode des Erfolgs lernen. Auch nicht mit Ihrem Lebenspartner. Ich kann davon nur abraten. Entweder hält man Sie für ein bisschen „deppert" oder es entsteht beim Partner eine Erwartungshaltung, die Sie unter Druck setzt. Beides kann schädlich für den Erfolg dieser Methode sein. Kaum ein Außenstehender, der diese Methode nicht schon selbst angewandt hat, wird viel Verständnis für Sie aufbringen. Man kann ihm dafür auch nicht böse sein. Er kennt sie ja nicht und weiß auch nicht wie sie funktioniert. Lassen Sie von Außen keine Zweifel vom Erfolg dieser Methode an sich herankommen. Verfolgen Sie Ihren Weg. Es ist Ihr Leben, das Sie ändern möchten. Wenn Sie diese Methode gewissenhaft anwenden, ist der Erfolg vorprogrammiert.

Zur täglichen Kontrolle Ihrer Arbeit sollten Sie die persönliche Arbeitstabelle im Anhang nutzen, in der Sie Ihre täglichen erledigten Aktivitäten abhaken.

Schon nach wenigen Wochen sollten sich die ersten Erfolge eingestellt haben. Erledigte Sachen streichen Sie von Ihrer Liste und geben dafür anderen Punkten Priorität.

Es können sich im laufe der Zeit auch Situationen ergeben, die Punkte aus Ihrer Liste plötzlich nicht mehr wichtig erscheinen lassen. Streichen Sie diese und setzen Sie dafür wichtigere ein.

Worte und Gedanken sind in einer bestimmten Weise miteinander verbunden. Sie werden zugeben müssen, dass Sie mit Ihren Worten die Gedanken anderer beeinflussen können. Sie sollten aber immer vor Augen haben, dass Sie mit Ihren Worten auch Ihre eigenen Gedanken beeinflussen.

Darum gebe ich Ihnen den Rat: Nörgeln Sie nicht rum. Auch nicht aus Spaß an der Freude. Nörgeln hat immer einen negativen Ursprung. Zu keiner Gelegenheit kann man positiv nörgeln. Die Entstehung des Nörgelns ist der negative Gedanke, der durch Sprache zum Ausdruck gebracht wird. Ihr Unterbewusstsein wird nicht nur durch den negativen Gedanken belastet, es nimmt diese negativen Gedanken auch noch akustisch auf. Dadurch entsteht eine doppelt negative Beeinflussung Ihres Unterbewusstseins.

Ist es Ihnen zur Gewohnheit geworden, über Ihre schlechte finanzielle Situation zu klagen, hören Sie sofort auf damit. Reden Sie nicht mehr darüber wie arm Sie sind, wie schlecht es Ihnen geht etc. Schlagen Sie ein neues Kapitel auf. Sagen Sie sich: es wird besser. Sagen Sie dies auch anderen, wenn Sie darauf angesprochen werden. Wollen Sie mit Freunden essen gehen, klagen Sie nicht, dass Sie sich das kaum leisten können. Jammern Sie nicht über Ihre Ausgaben. Durch Jammern werden diese auch nicht weniger. Aber Ihr Unterbewusstsein wird nicht unnötigerweise mit negativen Einflüssen belastet. Es erfordert weniger Energie, dem Unterbewusstsein positive Gedanken einzupflanzen als negative zu entfernen.

Von Zeit zu Zeit werden negative Gedanken aufkommen. Das lässt sich nicht vermeiden. Auch bei noch so glücklichen und reichen Personen kommen negative Gedanken auf. Das ist ein ganz natürlicher Vorgang. Es ist nicht möglich, negative Gedanken auf Dauer und für immer auszuschalten. Aber vertiefen Sie diese Gedanken in Ihrem Unterbewusstsein nicht auch noch dadurch, dass Sie sie in Worte kleiden. Sollten Sie einmal von negativen Gedanken so richtig heimgesucht werden, dann lassen Sie diesen Gedanken ihren freien Lauf. Danach sagen Sie sich: Schon vergessen! Das Unterbewusstsein wird diesen Befehl erhalten und dementsprechend agieren.

Klagen Sie nicht über Ihre Situation. Sie müssen lernen, sich von Ihren bisherigen Gedankenmustern zu trennen. Gedanken wie zum Beispiel: Ich hatte nie eine echte Chance; ich war nicht auf der Uni; meine Situation macht mich krank etc. müssen Sie vollkommen verbannen. Es hat auch keinen Sinn, sich in solchen Gedanken zu verlieren. Diese Gedanken werden nur bewirken, dass Sie sich elend und miserabel fühlen. Solche Gedanken in Worte zu kleiden verschlimmert die ganze Situation noch. Sagen Sie sich stattdessen: Ab jetzt wird alles besser. Wenn andere Leute von ihrem Leid erzählen, hören Sie einfach zu. Aber fallen Sie bloß nicht in diesen Klagesang ein. Seien Sie sich darüber bewusst, das Sie damit nichts mehr zu tun haben. Sie gehen zielgerichtet einer positiven Zukunft entgegen. Verhalten Sie sich so, als ob Sie Ihre Probleme längst in den Griff bekommen haben – auch wenn diesbezüglich noch keine Verbesserung eingetreten ist. Ihr Unterbewusstsein wird diese neue Situation als Realität aufnehmen. Reden Sie auch mit Freunden über Ihre verbesserte Situation. Durch die Sprache entsteht eine bildliche Vorstellung. Sie müssen dadurch weit weniger Energie aufbringen, um Ihre positive Selbstbestärkung in Ihrem Unterbewusstsein zu verwurzeln. Denken Sie daran:

> **Was dem Unterbewusstsein mitgeteilt wird, glaubt es. Was das Unterbewusstsein glaubt, lässt es Realität werden.**

Wenn Sie positive Bilder in Ihrem Unterbewusstsein verankert haben, wird es damit beginnen, diese Bilder zu realisieren. Dabei betritt es oft ungewöhnliche und nicht nachvollziehbare Wege. Aber darüber sollten Sie sich keine Gedanken machen. Überlassen Sie ruhig alles Ihrem Unterbewusstsein. Es beschreitet schon den richtigen Weg. Es werden sich Situationen ergeben die Sie als Zufall betrachten können. Diese „Zufälle" wurden aber von Ihrem Unterbewusstsein herbeigeführt. Halten Sie immer Augen und Ohren offen. Seien Sie wachsam. Sie können eine Zufallsbekanntschaft mit einer Person machen, die Ihnen vollkommen neue Möglichkeiten zugänglich macht. Es können auch andere Situationen, Örtlichkeiten oder was auch immer sein. Ihre Probleme werden oft durch scheinbare Zufälligkeiten gelöst. Das Unterbewusstsein hat seine eigenen Wege um Probleme zu lösen. Welche Wege es dabei beschreitet lässt sich nicht vorher sagen. Aber hat es einmal damit begonnen, die eingepflanzten Bilder zu realisieren, wird es den Wunsch auch erfolgreich ausführen. Wenn Sie das Bild von Wohlstand und Geld verankern, werden Sie nach und nach mit Dingen in Berührung kommen, die mit Geld im Zusammenhang stehen. Sie werden mit Personen in Kontakt kommen, die das „Große Geld" haben. Es werden sich Situationen bieten, die Ihnen auf leichte Weise zu Geld verhelfen. Sei es durch günstige Gelegenheiten, durch Informationen und so weiter. Manchmal kann es auch nur eine Bemerkung sein, die Ihnen Vorteile bringt, ohne dass die Person, die sie ausgesprochen hat, merkt, dass Sie Ihnen damit geholfen hat. Seien Sie aufgeschlossen zu allen Personen die Ihre Sphäre kreuzen. Man weiß nie, was sich aus zufälligen Begegnungen oder Bekanntschaften ergibt. Sie müssen nur vorbereitet sein und diese Begegnungen pfleglich behandeln.

Es gibt einen kleinen Satz der besonders bei Niedergeschlagenheit oder melancholischer Stimmung wahre Wunder vollbringt. Dieser lautet: **Alle Tage, in jeder Lage, fühle ich mich besser und besser.** Sagen Sie sich diesen Satz so oft Sie möchten. Einmal oder auch mehrmals täglich. Selbst wenn Sie sich wohl fühlen, können Sie diesen Satz anwenden. Er unterliegt einem gewissen Rhythmus. Es macht Spaß, ihn auszusprechen. Man fühlt sich gut dabei und er dringt als positive Information in Ihr Unterbewusstsein ein.

Schauen Sie nicht in die Vergangenheit. Grübeln Sie nicht über zurückliegende schlechte Zeiten. Das alles war gestern. Sich mit den negativen Erfahrungen der Vergangenheit zu beschäftigen bedeutet, diese negativen Gefühle zu verstärken. Aber genau das wollen wir nicht. Schauen Sie nach vorne. Die Zukunft bringt viel Positives. Und die Zukunft beginnt immer sofort.

Auch wenn Sie Misserfolge erzielen, brauchen Sie nicht zu resignieren. Misserfolge sind unvermeidlich. Bleiben Sie auf jeden Fall an Ihrer Sache, bis sich der Erfolg eingestellt hat. Thomas A. Edison gilt allgemein als Erfinder der Glühbirne. Bei seinen tausenden Versuchen erlitt er immer wieder Fehlschläge, was ihn sogar zu der Aussage veranlasste: Der einzige, der 100%ig weiß wie es nicht geht, bin ich. Edison ließ sich von seinen Fehlschlägen nicht entmutigen und er hatte Erfolg. Wichtig im Leben sind nicht die Misserfolge, sondern die Erfolge. Lesen Sie Biographien großer Leute, Sie werden feststellen, auch diese hatten Misserfolge. Misserfolge sind im Leben so sicher, wie Tag und Nacht. Es ist nicht wichtig, ob Sie Misserfolge haben, sondern wie Sie damit umgehen. Seien Sie positiv eingestellt. Der Erfolg kommt.

Jede erfolgreiche Person, ob Millionär, Politiker, Erfinder, Musiker und so weiter, wendet die hier beschriebene Methode an. Sei es bewusst oder unbewusst. Alle hatten zuerst ein klares Bild vor Augen, das nach und nach in die Realität umgesetzt wurde. Ohne eine klare Vorstellung von dem was wir möchten, können wir weder erfolgreich noch glücklich sein.

Über Ihr Glück entscheiden Sie selbst. Niemand anderes als wirklich nur Sie selbst. Glück ist kein Zufall, Glück ist die Addition aller positiven Einflüsse auf Ihr Unterbewusstsein. Ein sehr alter Mann, dessen Unterhaltung frisch, witzig und unkompliziert war, wurde von seinem Gesprächspartner nach dem Geheimnis seiner Zufriedenheit und Glücklichkeit gefragt. Der Alte antwortete: „Ich habe kein Geheimnis. Die Sache ist so natürlich wie die Nase im Gesicht. Wenn ich morgens aufstehe, habe ich die Wahl zwischen Glücklichsein und Unzufriedenheit. Was, glauben Sie, wähle ich? Ich wähle das Glück, das ist alles." Das mag vielleicht eine oberflächliche Betrachtungsweise sein, aber der Kern steckt in unserem Unterbewusstsein. Wir sind glücklich, wenn wir es wollen. Kindern ist das Lebensglück angeboren, das viele Erwachsene im Laufe der Jahre verloren haben. Wer dieses Lebensglück behalten hat, der ist mit einer außergewöhnlichen Gnade beschenkt worden. Den meisten von uns ist es verloren gegangen. Aber jeder Mensch hat die Möglichkeit, dieses Glück wiederzufinden. Pflanzen Sie das Glück in Ihr Unterbewusstsein ein und werden Sie wieder glücklich. Ein altes Sprichwort besagt:

Jeder ist seines eigenen Glückes Schmied.

Stellen Sie sich glückliche Situationen vor. Verinnerlichen Sie diese Situationen bildhaft. Machen Sie diese Situationen Ihrem Unterbewusstsein zugänglich. Sie werden ein glückliches ausgewogenes und zufriedenes Leben führen.

Wie auch immer unsere Probleme geartet sein mögen, es gibt eine Macht, mit ihnen fertig zu werden. Diese Macht produzieren Sie selbst. Sie haben die Macht. Sie sind die Macht. Es gibt nichts auf der Welt, das nicht durch positives Denken beeinflusst wird. Kein Problem, keine noch so große Niederlage kann Sie aus der Bahn werfen.

SIE SIND DIE MACHT !

Auf der nachfolgenden Seite finden Sie eine „Aufgabenliste", …es ist mehr eine Kontrollliste, die eine große Hilfe zur Kontrolle Ihrer Aktivitäten ist.

Fertigen Sie sich gemäß nachfolgendem Muster Ihre monatliche „Aufgabenliste" an, in der sie Ihre täglichen Aktivitäten kontrollieren und eintragen. (Wenn Sie das Muster auf einem Kopierer mit 141% oder 200% vergrößern, erhalten Sie auf DIN A4 auch eine brauchbare Vorlage.)

Diese Kontrolle ist ein wichtiger Beitrag zur Beeinflussung Ihres Unterbewusstseins – und zu Ihrem Erfolg!

Meine Aufgabenliste vom _____

Monat / Jahr

TÄGLICHE AKTIVITÄTEN
Erstens: Lesen am Morgen / Vergegenwärtigung
Zweitens: Schreiben
Drittens: Lesen am Abend / Vergegenwärtigung

Tag/Aufgaben	Erstens	Zweitens	Drittens	Bemerkungen
1				
2				
3				
4				
5				
6				
7				
8				
9				
10				
11				
12				
13				
14				
15				
16				
17				
18				
19				
20				
21				
22				
23				
24				
25				
26				
27				
28				
29				
30				
31				

Nachwort

Nun höre ich schon den zweifelnden Leser fragen, warum ist dann der liebe Herr Autor dieses Buches nicht schon längst Millionär?

Nun, das kann ich mit wenigen Worten erklären:
Es ist nicht so, dass mir Geld nichts bedeuten würde. Aber ich habe damit mein Auskommen und investiere deshalb meine „Energie" lieber in Sachen, die mir persönlich wichtiger erscheinen.

…und sollte ich wider erwarten eines Tages meine Stromrechnung nicht mehr bezahlen können, so weiß ich schon jetzt, was auf meiner Liste ganz oben stehen wird.

Peter v. k

> *Jeder Gedanke ist ein Baustein*
> *für das zukünftige Schicksal.*
> *Im Guten wie im Bösen.*

Raum für persönliche Notizen